# Índice

## Lo que algunos consiguieron

Plumilindo (El cisne que quería ser pato)
Pan con Higos (Grupo musical)
Don Pulpo, el arpista artista
Fortunato y su fortuna
El pajarito
Canción de la niña que no quería mentir
El ciempiés ye-yé

## Si quieres, tú también puedes

Con un cero
Respetar la naturaleza
Reír
Aprender ortografía

© Herederas de GLORIA FUERTES CB
Ilustraciones: Paz Rodero
Edición: Celia Ruiz Ibáñez

© SUSAETA EDICIONES, S.A.
Campezo 13 – 28022 Madrid
Tel.: 91 3009100 – Fax: 91 3009118
Impreso y encuadernado en España
www.susaeta.com

Cualquier forma de reproducción, distribución, comunicación pública o transformación de esta obra solo puede ser realizada con la autorización de sus titulares, salvo excepción prevista por la ley. Diríjase a CEDRO (Centro Español de Derechos Reprográficos) si necesita fotocopiar o escanear algún fragmento de esta obra (www.conlicencia.com; 91 702 19 70 / 93 272 04 47).

LEE con Gloria Fuertes

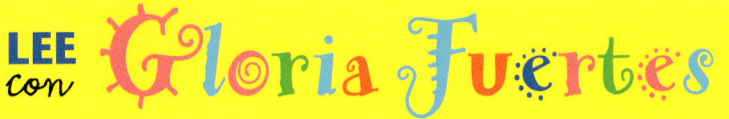

# Querer es poder

Ilustra: Paz Rodero

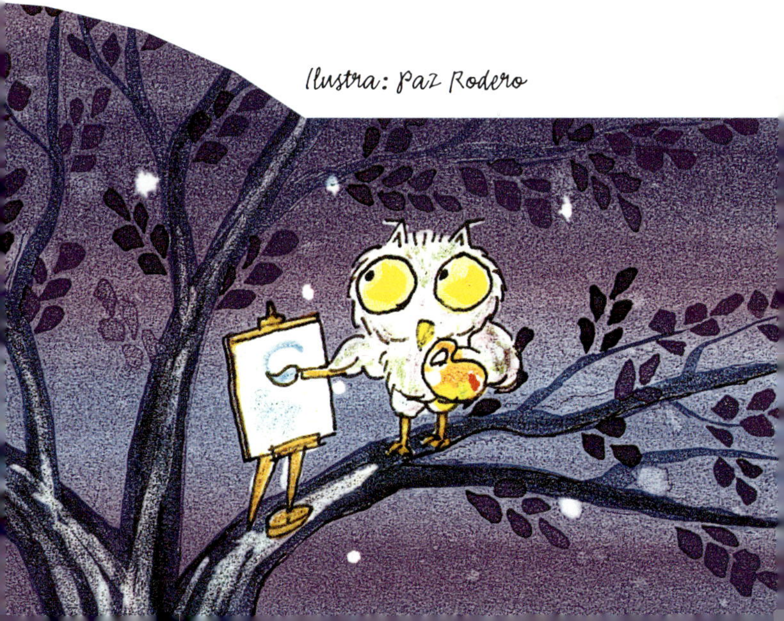

# Lo que algunos consiguieron

# Plumilindo
## (El cisne que quería ser pato)

Éste es Plumilindo.

Por decorativo y elegante
lo tenían aparte en el estanque.

Desde su estanque particular
veía a los vulgares patitos disfrutar.
Todos los patos admiraban su belleza
y las patas, por él, perdían la cabeza.

Plumilindo, siempre solo,
y más helado que un polo.

–¡Qué mala pata tengo!
¿Por qué no seré un pato mareado y corriente
en vez de triste cisne de pluma transparente?
¡Triste de mi vida! ¡Qué vida llevo!
¿Por qué no me habrán frito cuando era huevo?

(El cisne así se lamentaba
y el agua del estanque aumentaba,
porque Plumilindo lloraba como un grifo.)

–¿Qué me importa que me saluden los flores,
que me pinten los pintores,
que hagan fotos a mi cabeza divina
si estoy solo en la piscina?

(Plumilindo lloraba como un descosido,
bajo el sauce escondido.)
Se acercó una pata muy coqueta
y le hizo cosquillas en la aleta.

–¡No llores, guapetón,
que eres más hermoso que un pavo real...!
–No me des la lata, Chundarata,
y dame la pata, Pata.
¡Sácame de este estanque tan cursi...!

Plumilindo jadeante
pudo escapar del estanque...
y huyó río abajo, libre y sonriente,
con todas las aves zancudas al frente,
aleteando, picoteando y jugueteando,
¡como un pato más!

# Pan con Higos (Grupo musical)

Pelopoco
está loco del coco.

Pelomucho
parece un aguilucho.

Peloliso
que ser cantante quiso.

Y su madre le decía,
noche y día:
—Peloliso, Peloliso,
córtate la melena,
que pareces una nena.

Y Peloliso,
sumiso,
se cortó el pelo al cero,
y parecía un melón
melonero.

Pelopoco,
Pelomucho
y Peloliso
se hicieron amigos
y cantaban juntos
en el trío «Pan con higos».

Cantaban:
(Aviso a los niños: leer cantando.)

Hoy,
me levanto y digo olé;
hoy,
yo quiero llegar al cole;
hoy,
de todos los profesores,
hoy,
sólo quiero a los mejores.
Hoy,
llegar a ser el primero
quiero;
llegar a ser el segundo
quiero;
llegar a ser el tercero
quiero;

llegar a ser estudioso
y dejar de hacer el oso,
aunque a mí me cueste mucho,
por ello canto y lucho.

# Don Pulpo, el arpista artista

Don Pulpo se ahogaba
en el fondo del mar;
(en el fondo de su corazón
quería triunfar).

Don Pulpo Lloroso
quería ser famoso.

Salió a pasear por las rocas
y se encontró un periódico:
«Se necesita arpista».

Don Pulpo salió corriendo
sus ocho patas batiendo,
como una locomotora de ocho ruedas.

Iba cantando:
–Con mi propia tinta,
porque soy un calamar,
voy a escribir una carta
a mi querida mamá.

Se encontró un ancla oxidada
y se hizo un arpa dorada.

Se presentó a don Merluzo
que iba vestido de buzo:

–Yo soy el artista-arpista,
apúnteme «usté» en la lista,
quiero tocar y cantar
aquí en el fondo del mar.

–¡Caramba! –dijo la gamba.

Don Merluzo, el propietario,
escribía en su diario:

«¡Bienvenido en buena hora,
ganarás tres perlas a la hora!»

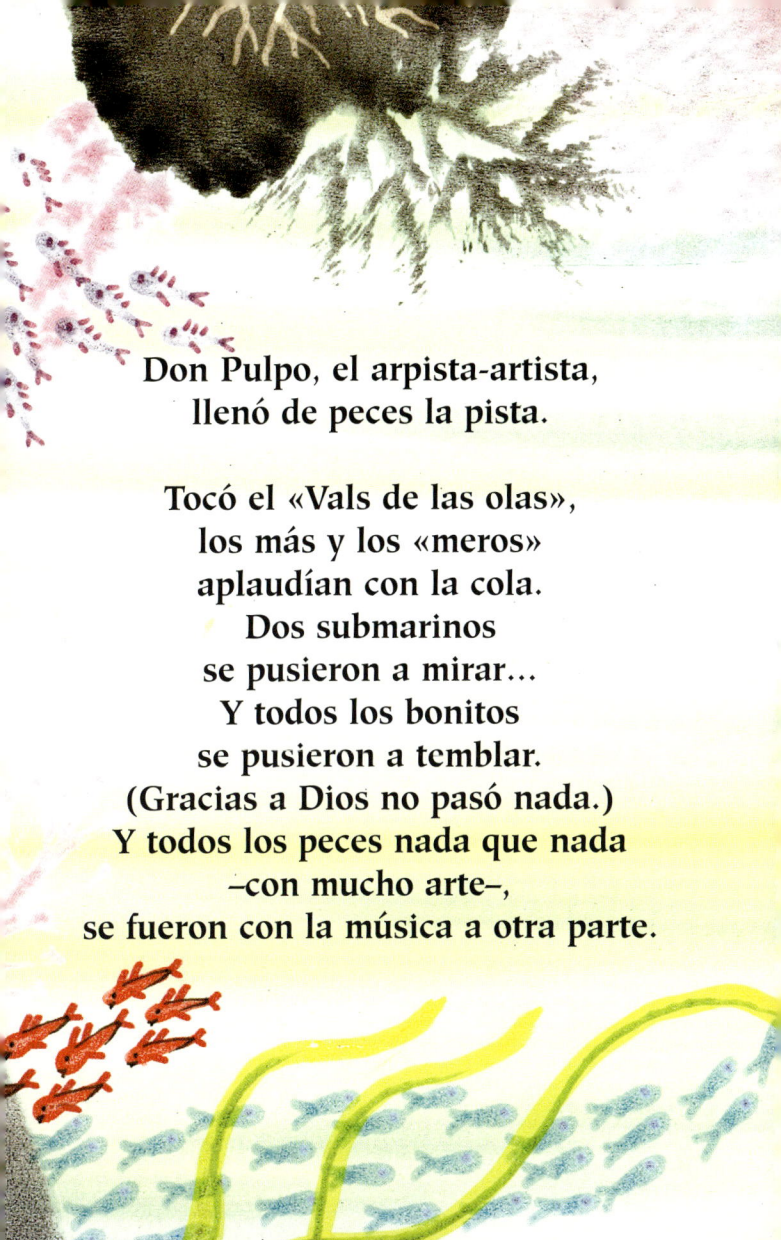

Don Pulpo, el arpista-artista,
llenó de peces la pista.

Tocó el «Vals de las olas»,
los más y los «meros»
aplaudían con la cola.
Dos submarinos
se pusieron a mirar...
Y todos los bonitos
se pusieron a temblar.
(Gracias a Dios no pasó nada.)
Y todos los peces nada que nada
–con mucho arte–,
se fueron con la música a otra parte.

# Fortunato y su fortuna

Fortunato
Carapato
compraba
todo barato.
Tan barato lo compraba
que no le costaba nada.

Por la noche,
en pueblos y poblaciones,
iba cogiendo cartones.

Empezó en bicicleta,
ahora tiene dos camiones.

Veréis como a los cartones,
los convertía en millones.

En su pueblo, en las afueras,
formó grandes cordilleras
de montones de cartones.
La ciudad se quedó limpia,
porque todos los ratones
se fueron a vivir juntos
a los «pisos» de cartones.

Las fábricas de papel
le compraron el cartón,
y al año gana un millón.
—¿Con suerte?
—No, con trabajo.
¡Menuda fortuna hizo
Fortunato Carapato!

# El pajarito

Esto era...
un pajarito
rubio, como tú.
Su jaula tenía
un lacito azul,
dos puertas,
tres palos,
agua y alimento
–un terrón de azúcar–,
y un columpio lento.
Pero el pajarito
no estaba contento.

¡Él quería árboles!,
¡él quería cuentos!,
¡él quería ramas!...
Volar bajo lluvia,
ver a los fantasmas,
ir a las estrellas,
cantar a las ranas
y buscar amigos,
y un nido tener.

Dobló sus patitas,
rezó arrodillado
pidió al cielo suerte.

Vino el huracán,
sopló viento fuerte
y le abrió la jaula
en un periquete.

El mover sus alas
no se le olvidó.
Y aquel pajarito
feliz escapó.

## Canción de la niña que no quería mentir

Hemos de procurar no mentir mucho.

Sé que a veces mentimos
para no hacer un muerto,
para no hacer un hijo
o evitar una guerra.

De pequeña mentía
con mentiras de azúcar.
Decía a las amigas:
–Tengo cuarto de baño.
(Y mi casa era pobre
con el retrete fuera).
–¡Mi padre es ingeniero!
(Y era sólo fumista,
pero yo le veía
ingeniero ingenioso).

Me costó la costumbre
de arrancar la mentira,
me tejí este vestido
de verdad que me cubre,
(a veces voy desnuda).

Desde entonces me quedo
sin hablar muchos días.

# El ciempiés ye-yé

Tanta pata y ningún brazo.
¡Qué bromazo!

Se me dobla el espinazo,
se me enredan al bailar.
¡Qué crueldad!

Por delante y por detrás,
sólo patas nada más.

Grandes sumas
me ofrecieron,
si futbolista prefiero
ser,

pero quiero ser cantor
y tocar el saxofón
con la pata treinta y dos
en medio de la función.

# Con un cero

Con todo se puede hacer algo.
Hasta con un cero
–que parece que no vale nada–:
se puede hacer la Tierra,

una rueda,
una manzana,

una luna,
una sandía,
una avellana.

**Con dos ceros  
se pueden hacer unas gafas.**

**Con tres ceros  
se puede escribir:  
yo os quiero.**

## Respetar la naturaleza

Si vas al campo,
no subas por los almendros.
Ni cojas nidos
ni caces pájaros
ni mates bichitos negros.

¡Ay, esa flor, esa flor
que ahora muere entre tus dedos!
¡Sus novecientas hermanas
la están echando de menos!

Si vas al campo,
sé bueno.
¡Échate en la hierba,
canta,
estáte quieto!
No deshagas las casas
de los insectos.

Si vas al campo,
¡sé bueno, niño pequeño!

# Reír

¡Bienvenida sea la risa
que deja alegría por donde pisa!

Que venga la risa
y su prima la sonrisa.

Reír es como si como
alimenta más que el lomo.

Hay que reír cada hora
(lo receta servidora).

¡Ay que risa, tía Felisa,
se le vuela la camisa!
(La risa es muy buena
para el pecho).

Quien va sonriendo,
va mejor que en coche.

Quien ríe de día,
duerme bien de noche.

# Aprender ortografía

A lavar ropa con uve,
alabar a Dios con be.
Huevo con hache y tomate,
apto de aptitud con pe.

Arroz se pone con leche
y sin hache, claro es.
Vino con agua y con uve,
ceniza, gris y con ce,

turbante –gorro elegante–
y bisonte van con be;
en cambio va de ir, con uve,
pito y Pepito con pe,
huele y hierba van con hache,
hielo con hache también;
diptongo rima con hongo,
y es muy difícil poner,
tiene una pe intercalada
entre la «i» y la «t».

Diptongo rima con hongo
y es muy difícil poner.